D1933846

Konrad Eißler

Jetzt ist Ihre Chance!

Verlag der
Francke-Buchhandlung GmbH
Marburg an der Lahn

Dieses Buch entstand in Zusammenarbeit mit der Marburger Blätter-Mission. Die hier abgedruckten illustrierten Artikel sind in der gleichen Aufmachung als Traktate erhältlich bei der:

Marburger Blätter-Mission
Friedrich-Naumann-Straße 15
3550 Marburg/Lahn

CIP-Kurztitelaufnahme der Deutschen Bibliothek

Eißler, Konrad:
Jetzt ist Ihre Chance! / Konrad Eißler. —
Marburg an d. Lahn: Francke, 1983.
(Telos-Bücher; Nr. 826: Telos-Taschenbuch)
ISBN 3-88224-315-5
NE: GT

ISBN 3 88224 315 5
Alle Rechte vorbehalten
© 1983 by Verlag der Francke-Buchhandlung GmbH
3550 Marburg an der Lahn
Umschlaggestaltung und Innenillustrationen: Heinz Giebeler
Druck: Joh. Aug. Koch, Buch-, Offset- u. Rotationshochdruck,
3550 Marburg

Inhaltsverzeichnis

Sie sind eine Handarbeit Gottes

Berge, Blumen, Bilder

Es gibt Naturfreunde. Sie verzichten auf einen Schirm, solange sich das Himmelszelt über sie spannt, und sie vermissen keinen Stuhl, solange sie festen Boden unter den Füßen haben. Berge und Täler, Wälder und Felder sind ihr Revier.

Dann gibt es Blumenfreunde. Sie marschieren nicht wie das Vieh durch die Blütenwiesen und grasen ab, sondern legen sich vor jedes Gänseblümchen und knipsen los. Rosen und Astern, Veilchen und Sonnenblumen sind ihr Entzükken.

Und es gibt Tierfreunde. Sie kommen nicht nur auf den Hund, sondern leben auch für die Katz. Pferde und Esel, Meerschweinchen und Papageien sind ihre Freunde.

Es gibt aber nicht nur Natur-, Blumen- und Tierfreunde, sondern auch Menschenfreunde. Die wollen nicht alleine leben. Sie suchen das menschliche Gegenüber. Ihre Liebe gehört dem Du. Ich traf einen Künstler. Er schafft Menschenbilder. Sein ganzes Können legt er hinein. Er malt Portraits. Seine Liebe zum Detail ist unübersehbar. Er stellt sie an einen ganz besonderen Platz. Seine Bilder wollen die Umgebung verändern. Wertvolle Originale, die unverkäuflich sind, kommen aus der Hand dieses Menschenfreundes.

Gott ist ein Menschenfreund

Haben Sie gewußt, daß Gott Menschenfreund ist? Sicher ist er auch ein Naturfreund. Unser grüner Planet ist sein Revier. Sicher ist Gott auch

Blumenfreund. Unser botanischer Garten ist sein Entzücken. Und Gott ist Tierfreund. Vom Walfisch bis zum Marienkäfer ist alles vorhanden. Die ganze Menagerie zählt zu seiner Freundschaft.
Aber Gott ist vor allem Menschenfreund. Er will nicht alleine leben wie Buddha. Er will nicht alleine schweben wie Hindu-Götzen. Er will nicht alleine thronen wie Zeus auf dem Olymp. Unser Gott sucht das menschliche Gegenüber. Ihm ist am Menschen gelegen. Seine Liebe gehört dem Du. Deshalb ließ er es mit einem Weinberg, einem Rosengarten und einem Zoo nicht bewenden, sondern gesellte den Menschen hinzu. Mit dem sechsten Tagewerk setzte er seiner Schöpfung die Krone auf. Gott schuf den Menschen zu seinem Bilde.

Mannsbilder und Weibsbilder

Gott schaffte Bilder. Mannsbilder und Weibsbilder. Sein ganzes Können legte er hinein. Da mag man über die Abstammung des Menschen philosophieren, da kann man sogar den Affen als seinen Großvater und die Kaulquappe als seine Urgroßmutter erklären. Wir alle stammen aus Gottes Atelier. Und er ist kein Sonntagsmaler, der Laienhaftes auf den Markt bringt. An uns ist seine Größe ablesbar. Er schafft Portraits.
Seine Liebe zum Detail ist unübersehbar. Kein Bild ist wie das andere. Autos kommen vom Fließband, Anzüge von der Stange, Fahrkarten vom Automaten. Sie und mich gibt es nur als einmalige Ausgabe. Gott kennt keine Kopien.
Auch wenn Sie sich im Spiegel nicht mehr sehen können, Sie sind eine Handarbeit Gottes. Auch

wenn Sie sich wertlos vorkommen, Sie sind ein wertvolles Exemplar. Auch wenn Ihre Eltern Sie nicht gewollt haben, Sie sind von Gott gewollt und ein unersetzliches Portrait. Leben Sie weiter mit diesem Wissen.

Umkehren und glauben

Stellen Sie sich einen Jahrmarkt vor. Buden, Stände, Tische, Wagen. Dazwischen eine Menge, die sich schiebt und schubst. Irgendwo dudelt der letzte Leierkastenmann. Es riecht nach Mandeln, Popkorn und Maronen. Nichts fehlt auf dem bunten Tablett: Luftballons und Suppentöpfe und Rasierklingen und Riesenlutscher. Das Angebot ist irre. Marktschreier hämmern auf das Trommelfell: „Treten Sie näher! Handgeknüpfte Afghans aus Istanbul. Selbst der Schmutz ist echt. Hier haben Sie Freude!" Der andere wedelt mit einem Spielmobil: „Schauen Sie her! Der Hit für jedes Klassenzimmer. Lausbuben werden sich kugeln und Omas totlachen. Hier haben Sie Spaß!" Der Dritte will uns ein Los andrehen: „Greifen Sie zu! Jede Nummer ein Volltreffer. Für 50 Pfennig im Jet um den Globus. Hier haben Sie Gewinn!"

Das LEBEN selbst gewinnen

Und irgendwo steht noch einer, mitten drin, ohne Stand, ohne Tisch, ohne Ramsch. Nur schwer kommt er gegen den Strom an: „Kommen Sie her! Sie werden sich doch nicht mit ein bißchen Freude und Spaß begnügen. Bei mir haben Sie mehr: nicht nur Dinge zum Leben, sondern das Leben selbst!" Einige hören hin, bleiben stehen, kehren um, kommen her. — Ob Sie auch zu denen gehören, die aus dem großen Strom ausscheren? Sie haben doch schon so viele Stände abgeklappert und viel gekauft, aber das Leben, das volle, erfüllte und gefüllte Leben haben Sie nicht gefunden. Ernesto Cardenal hatte doch recht, wenn er schrieb: „Alle Menschen werden mit einem verwundeten Herzen und einem unstillba-

ren Durst geboren." Und viele sterben damit. Was ist Ihnen von diesen Freuden und Späßen zu herabgesetzten Preisen geblieben, von diesen Gewinnen, die Sie schließlich als Verlust abbuchen mußten?
„So taumel ich von Begierde nach Genuß, und im Genuß verschmacht ich nach Begierde." Diese erschütternde Erkenntnis eines Faust kann doch nicht die einzige Wahrheit bleiben. Sind Sie nicht ermüdet auf dem Jahrmarkt des Lebens? Sind Sie nicht ermattet auf dem Volksfest der Welt? Sind Sie nicht resigniert und frustriert? Deshalb ruft er, ich meine diesen Jesus, der sich in den Strom hineingestellt hat: „Ihr Mühseligen hört her! Ihr Belasteten bleibt stehen! Ihr Kaputten kehrt um! Ihr Gebeutelten kommt her! Ihr alle, kommt her zu mir!" Ist das nicht ein neuer Klang? Ist das nicht ein neuer Ton? Ist das nicht die neue Chance zum Leben?

Versklavt und verkauft

Stellen Sie sich einen Jahrmarkt vor. Buden, Stände, Tische, Wagen. Aber nicht nur Teppiche und Spielmobils werden verhökert, sondern auch Menschen, richtige Menschen. Also ein Sklavenmarkt der letzten Jahrhunderte. Ich habe mir einmal solch ein Bild genau angesehen. Dort stehen sie, die Ärmsten der Armen, in Afrika zusammengetrieben wie das Vieh und über das Wasser gebracht. Dort leiden sie unter Stangen, die schwer auf ihren Schultern liegen und ihnen beinahe das Genick brechen. Dort zerren sie an den rostigen Ketten, die Hände und Füße wundscheuern. Dort warten sie auf einen Käufer oder auf den Tod. Und nun stellen Sie sich vor: da kommt einer auf den Platz, einer, der sich nicht interessiert die Gegend beguckt, einer, der sich nicht geringschätzig den Menschenhandel beschaut, einer, der nicht ein paar nette Worte verliert, sondern einer, der stehenbleibt, der verhandelt, der seinen Lederbeutel zückt, der ein paar Geldnoten herauskramt, der dann sagt: „Komm her! Kehr um! Geh mit mir! Sei mein Eigentum!"

Ich habe mir vorgestellt: welche Freude muß in solch einem Menschen aufbrechen, wenn ihm die schweren Stangen vom Hals genommen werden? Welche Befreiung muß er erleben, wenn die Handschlösser gelöst und die Fußeisen weggeworfen werden? Welcher Jubel muß über diesem Leben liegen, das durch diesen Herrn neu lebenswert geworden ist?

Sie, die Ärmsten der Armen sind wir. Sie und ich, wir sind nicht Herren der Welt, sondern Sklaven der Sünde. Genau das behauptet die Bibel. Wir sind gar keine Käufer, sondern Verkaufte. Jeder von uns trägt sein Joch. Bei dem einen klappt's auf der Penne nicht; 3,6 im Zeugnisdurchschnitt; keine Chance auf einen Studienplatz. Bei dem anderen ist Knaatsch zu Hause; Meinungsverschiedenheiten miteinander bei jedem Problem. Der dritte hält es nicht alleine aus; jeden Abend Disco; keine Aussicht auf echte Freundschaft. Der vierte hängt am Bierglas und der fünfte an der Spritze. Wir haben eine Last am Hals. Wir sind an Fragen und Zweifeln gebunden. Wir werden an Krankheiten gekettet. Schließlich führt uns der Tod vor.

Für uns bezahlt!

Und dann kommt einer auf den Markt, einer, der sich nicht interessiert die menschliche Rasse beguckt, einer, der sich nicht geringschätzig über das Produkt Mensch ausläßt, einer, der nicht mit Appellen Furore macht: „Zerrt an den Ketten! Verändert die Verhältnisse!“ — Jesus weiß, daß auf anderen Plätzen und an anderen Ketten nicht besser zu leben ist. Jedes Zerren bindet nur fester. Dieser Mann bleibt stehen, verhandelt, bezahlt, nicht nur mit ein paar Geldnoten, sondern mit seinem eigenen Blut. Deshalb kann er sagen: „Kehr um! Komm her! Gib deine Probleme mir! Laß mich deine Schwierigkeiten wissen! Leg deine Last bei mir ab, leg alles hier ab! Ich gebe dir dafür das Leben, das sich zu leben lohnt!“

Glauben Sie, daß Jesus der einzige Erlöser ist, der Ketten lösen kann! Glauben Sie, daß Jesus der wirklich Starke ist, gegen den keiner ankommt! Glauben Sie, daß Jesus der bevollmächtigte Herr ist, der so rufen kann! Welche Freude könnte bei Ihnen einziehen! Welche Befreiung könnte bei ihnen passieren! Welcher Jubel könnte bei Ihnen aufbrechen, wenn Sie mit dem Ruf Ernst machen würden: „Kehr um!“

Stellen Sie sich noch einmal einen Jahrmarkt vor. Buden, Stände, Tische, Wagen stehen nicht immer dort. Einmal werden sie zusammengeklappt und abgeräumt. Teppiche, Spielmobile und Lose werden nicht immer feilgeboten, sondern verschwinden in Koffern und Kisten. Händler, Verkäufer, Marktheuler rufen nicht immer. Einmal packen sie ihre Siebensachen und machen sich aus dem Staub. Es gehört zum Wesen des Marktes, daß er zeitlich begrenzt ist. Es gehört zum Wesen des Sonderangebotes, daß es nicht ewig feilgeboten wird. Es gehört zum Wesen dieses Rufes, daß er nicht dauernd erklingt.

Jetzt ist Ihre Chance!

Sie, jetzt ist Markt. Jetzt gilt das Sonderangebot. Jetzt wird gerufen: Kehren Sie um! Kommen Sie her! Sie haben eine echte Chance, Ihren Buckel freizubekommen und neu durchzuatmen. Sie haben eine klare Chance, an Jesu Seite zu entdekken, was Freiheit ist. Sie haben alle Chancen zu einem Leben, das sich lohnt. Nun müssen Sie zupacken!

Jesus ist kein Leierkastenmann, der beim nächsten Markt wieder an der Ecke steht und an seiner Orgel kurbelt. Jesus ist kein billiger Jakob, der im Abonnement seinen Standplatz hat und alle Jahre wieder seine Sprüche klopft. Jesus ist der weiterziehende Sohn Gottes, der in die Welt hineinruft: „Jetzt ist angenehme Zeit! Jetzt ist der Tag des Heils." Sie können jetzt diesen Ruf hören oder überhören. Sie können jetzt diese Einladung annehmen oder ablehnen. Sie können jetzt die Chance nützen oder verpassen, so wie man einen Zug verpaßt. Sie, wer dies begreift, ergreift die Chance: Umkehren, glauben! Es lohnt sich, ganz bestimmt!

Helles Licht oder glänzende Frömmigkeit

Es gibt glänzende Schüler

Für sie ist der Englisch-Unterricht eine nette Unterhaltung, die Physikstunde ein reiner Genuß und die Mathematikarbeit ein willkommener Spaziergang. Immer schwimmen sie oben und wissen überhaupt nicht, wie es denen zumute ist, die dauernd unter der Wasseroberfläche herumkrebsen. Das Abitur schaffen sie mit Bravour, und das Nadelöhr des Numerus clausus ist für sie eine sperrangelweite Hofeinfahrt. Diese Primusnaturen spiegeln ihre Intelligenz.

Es gibt glänzende Sportler

Auf zwei Skiern fliegen sie über Schanzentische wie Riesenvögel, wedeln durch die Tore wie Irrwische und schießen den Berg hinunter wie der Sturm. Sie sind allem Anschein nach schon mit diesen Schneeschuhen auf die Welt gekommen und haben statt gehen nur fahren gelernt. Diese Sportsnaturen spiegeln ihr Können.

Es gibt glänzende Musiker

Sie haben das absolute Gehör, denken in Notenlinien und bewegen sich nur auf Tonleitern. Unter ihrer Stabführung werden Chöre und Orchester zu bejubelten Klangkörpern. Diese Künstler spiegeln ihre Musikalität.

Dann gibt es glänzende Wissenschaftler, die ihren Geist spiegeln, glänzende Techniker, die ihr Fachwissen spiegeln, glänzende Politiker, die ihr Geschick spiegeln. Kurzum, glänzende Leute sind Spiegel ihrer Tüchtigkeit.

Es gibt glänzende Christen

In der Bibel heißt es: „Unter einem verderbten und verkehrten Geschlecht leuchtet ihr als Lichter in der Welt, indem ihr am Wort des Lebens festhaltet.“ Dieses Wort spricht also von glänzenden Christen. Wir meinen sie doch zu kennen. Im Konfirmandenunterricht haben diese Leuchten nie den Pfarrer geärgert. Im Gottesdienst ist ihre Anwesenheit eine Selbstverständlichkeit. Im Gemeindehaus lassen sie keine Veranstaltung aus. Für die Gemeinde tragen sie Blätter, für die Mission stricken sie Pullover und für Basare räumen sie ihre Schränke aus. Keine Aufgabe ist ihnen zu groß und kein Weg ist ihnen zu weit. Diese Kirchenleute spiegeln ihre Aktivität. Das ist nicht schlecht, und um unsere Gemeinden wäre es besser bestellt, wenn wir mehr aktivere Christen hätten. Bedenklich jedoch ist nur die Folgerung: Glänzende Christen sind Spiegel ihrer Frömmigkeit. Paulus aber behauptet etwas ganz anderes: sie leuchten, weil sie am Licht des Wortes Gottes festhalten. Oder im 2. Korintherbrief sagt er es so: „Nun aber spiegelt sich bei uns die Herrlichkeit des Herrn.“

Spiegel seiner Herrlichkeit

Paulus kennt menschliche Intelligenz. Auf dem Areopag hat er mit blitzgescheiten Philosophen disputiert. Aber was ist sie gegenüber der Weisheit Gottes, die höher ist als alle Vernunft? Paulus war eine Sportnatur. Wie anders hätte er die tagelangen Fußmärsche durch Kleinasien und Griechenland durchstanden. Aber was ist menschliche Kraft gegenüber der Kraft Gottes, die Sonne und Planeten in ihren Bahnen hält?

Paulus war musikalisch. Viele Hymnen sind in seine Briefe eingeflossen. Aber was sind sie gegen den Lobpreis Gottes, der auf dem Feld von Bethlehem aufklang: „Ehre sei Gott in der Höhe und Friede auf Erden!" Paulus wußte etwas von wissenschaftlichem Geist. Bei Professor Gamaliel hat er studiert. Aber was ist das gegen den Geist Gottes, der Toten neuen Lebensgeist eingeben kann? Lichter in der Welt, Leuchten in der Nacht, oder sagen wir es besser: Glänzende Christen sind nicht Spiegel ihrer Tüchtigkeit. Glänzende Christen sind auch nicht Spiegel ihrer Fähigkeit. Glänzende Christen sind erst recht nicht Spiegel ihrer Frömmigkeit. Nein, glänzende Christen sind Spiegel seiner Herrlichkeit. Sie leuchtet im Wort des Lebens auf. In jedem Wort der Bibel ist sie zu erkennen. Jedes Gotteswort ist voll von dieser Leuchtkraft.

Lichter in der Welt

Da mag einer eine Leuchte im Konfirmandenunterricht sein, da mag einer ein Kirchenlicht in der Gemeinde werden, da mag einer zum Stern, zum Star auf der Kanzel aufsteigen, eine Glanznummer im Reiche Gottes ist er noch lange nicht. Angesichts der Lichtfülle Gottes, die an Weihnachten jüdische Hirten aufschreckte und an Ostern römische Landsknechte in die Flucht schlug, sind unsere Lichter erbärmliche Glimmleuchten.
So wie die Sonne jeden Scheinwerfer mit den hellsten Dampflampen geradezu auslöscht, so hat die Lichterscheinung Gottes unsere Lichter glatt überstrahlt. Wenn wir jetzt als Lichter in der Welt scheinen, dann nur als Wiederschein seines hellen Scheines. Wenn wir jetzt als Lichter in der

Welt leuchten, dann nur als Reflektion des unerschöpflichen Lichtes. Wenn wir jetzt als Lichter in der Welt glänzen, dann nur als Spiegelung des Morgenglanzes der Ewigkeit.
Glänzende Christen sind Spiegel seiner Herrlichkeit. Paulus wünscht, daß Sie ein solcher Spiegel werden, der Gottes Licht weitergibt. Dann hört alle Selbstbespiegelung auf. Dann sind alle Mindertwertigkeitskomplexe weggeräumt. Dann müssen wir uns nicht dauernd ins rechte Licht setzen. Wenn wir Spiegel seines Lebenswortes werden, dann leuchten wir als Licht in der Welt.

Beten - wie macht man das?

Ganz einfach mit dem Kopf durch die Wand. Ich meine jene Wand, die die sichtbare von der unsichtbaren Wirklichkeit trennt. Beten ist alles andere als frommes Kopfnicken. Der Beter sagt nicht nur Ja und Amen zu einem ewigen Schicksal, das über seinen Kopf hinweg festgelegt worden ist.

Gott läßt mit sich reden!

Und so meinen manche: Gott hat immer recht. Der eine leidet mit 17 Jahren an Muskelschwund, und der andere marschiert kerngesund durch die Landschaft. Man ruft Gott an: Ja, wie ist das möglich? Aber die Superfrommen sagen: Gottes Wille hat kein „Warum". Er ist ein strenger Herr. Er ist ein unerbittlicher Herr. Er ist ein mächtiger Herr. Gott hat immer recht. Die Bibel aber sagt etwas anderes. Sie stellt an verschiedenen Stellen klar, daß Sie mit Gott streiten können. Gott läßt sich umstimmen. Gott ändert sein Konzept. Gottes Wille hat ein „Warum". Wir sind von keinem Himmelscomputer abhängig, der uns nach Programm steuert, sondern von einem Vater, der uns von Herzen liebt. Er nimmt Sie so ernst, daß er Ihnen ein Mitspracherecht einräumt. Sie sind ihm so wichtig, daß er keinen Anruf einfach abschmettert. Unerhörte Gebete gibt es bei Gott nicht. Es gilt, was jemand so formuliert hat: „Wenn nicht geschehen wird, was du willst, so wird geschehen, was besser ist." Mit jedem Gebet bekommen wir etwas, das wir ohne Gebet nicht erlangt hätten. Deshalb: „Gehen Sie mit dem Kopf durch die Wand, natürlich mit keinem sturen Kopf."

Ich meine zuerst einen ruhigen Kopf, der sich Zeit nimmt für's Gebet. Von den Israeliten las ich, daß sie dreimal am Tag, um 9, 12 und 15 Uhr die Hände gefaltet haben. Wir aber vespern um 9, essen um 12 zu Mittag und trinken um 3 eine Tasse Kaffee.

Zeit für's Gebet nehmen

Wir haben oft keine Lust. Morgens fehlt uns die Zeit und abends die Spannkraft. Viele sind dem Gebet entwöhnt, weil sie sich ans Bequeme gewöhnt haben. Männer des Glaubens haben mehrere Stunden am Tag, und zwar die für die Arbeit am geeignetsten, auf das Gebet verwendet. Und wenn Sie besonders viel zu arbeiten hatten, sagten sie sich, daß sie eine Stunde länger beten müßten. Nicht jeder kann das. Aber 15 Minuten am Morgen sind drin. Stellen Sie Ihren Wecker zurück. Ziehen Sie die Decke nicht über die Ohren. Halten Sie „Morgenwache"! Diese stille Zeit ist geschenkte Zeit, ja „die Morgenstunde ist das Ruder des Tages" (Augustin).

Anleitung für's Gebet

Gehen sie mit einem ruhigen Kopf durch die Wand, und mit einem klaren Kopf, der zwischen Dank-, Bitt- und Fürbittegebet unterscheiden kann. In Kana war Hochzeit, so mit Festlichkeit, Hochstimmung, Gästen, richtig ‚high-life'. Auch Jesus ist mit seiner Mutter dabei. Aber mitten drin im Fest gab es eine Panne. Entweder war zuwenig vorgesorgt oder die Leute hatten einen zu großen Durst, jedenfalls ging der Wein aus. Die Flaschen waren leer. Peinlich. Jesus hockte vor einem leeren Glas. Maria aber stand auf, ging zu ihrem Sohn und flüsterte ihm ins Ohr: „Sie haben keinen Wein." Mehr nicht.

Sie gab keinen Kommentar, wie er aus der Patsche helfen könnte. Maria legte nur die Verantwortung auf den Sohn und traute ihm zu, daß er irgendwann und irgendwie helfen kann.

Hier haben Sie eine Betriebsanleitung für's Gebet. Jesus sagen, was uns fehlt, das ist Bitte. Und Jesus sagen was andern fehlt, das ist Fürbitte. Und Jesus sagen, was uns Freude macht, das ist Dank und Anbetung.

Übrigens sind die Psalmen und unsere Gesangbücher hervorragende Lehrbücher in Sachen Gebet. Mit ihnen gelingt es uns, daß wir dann auch wieder frei formulieren, ein paar Sätze wagen, so reden wie mit einem Freund. Dann ist es nicht mehr weit zu einer Gebetsgemeinschaft, wo einige miteinander diesen Herrn anrufen.

Was blockiert das Gebet?

Gehen Sie mit einem klaren Kopf durch die Wand, und mit einem überlegenden Kopf, der jenen Satz aus dem Jesajabuch reflektiert: „Ob ihr schon viel betet, so höre ich euch nicht, denn eure Hände sind voll Blut." Der Prophet spricht von Blut, und Blut meint Schuld. Schuld also blokkiert das Gebet. Schuld baut eine undurchdringliche Betonwand auf. Schuld macht beten sinnlos. Ich spreche nicht von denen, die im harten Kampf mit ihrer Schuld liegen. Nicht die sind angesprochen, die täglich bitten: „Herr, vergib mir meine Schuld." Aber die sind gemeint, die in einer klargelegten Schuld leben. Solange Sie bewußt lügen und andere hinters Licht führen, brauchen Sie nicht zu beten. Solange Sie bewußt Ihre Frau betrügen, hilft Ihnen das Beten nicht. Solange Sie im Schmutz Ihre Freude und Ihren Zeitvertreib finden, können Sie sich das Beten schenken. Gott hört nur solche, die ihn mit Ernst anrufen und nicht im Zwielicht. Wer ihm die Schuld seines Lebens bringt, der löst die Blockierung und erfährt die Wahrheit jenes Wortes: „Da dieser Elende rief, hörte der Herr und half ihm aus allen seinen Nöten." Gehen Sie mit einem überlegenden Kopf durch die Wand!

In Gottes Hände

Vielleicht überzeuge ich Sie nicht. Vielleicht habe ich Sie sogar enttäuscht. Vielleicht ist Ihnen das Gebet immer noch so fremd wie die Ammoniten der Kreidezeit. Aber nehmen Sie mir wenigstens eine Erfahrung ab, die ich vor einiger Zeit auf der Straße gemacht habe. Mit meinem Auto fuhr ich am späten Abend von einem Dienst zurück. Regen fiel vom Himmel, und die Straße spiegelte jedes Licht. Auf einer Brücke erkannte ich plötzlich im Scheinwerferkegel einen schleudernden VW. Von der anderen Straßenseite kam er direkt auf mich zu. Breitseits schlug er auf meinen Kühler auf und zerbarst. Motor und Räder flogen nach links, ein Blechknäuel nach rechts. Ich konnte mich aus meinem Gurt lösen und dem völlig zertrümmerten Wagen entsteigen. Scherben, Trümmer, das Blut tropfte mir über Gesicht und Hände. In der Ferne blinkte das Blaulicht der Feuerwehr, des Roten Kreuzes und des Notarztwagens. Denken konnte ich nicht. Es war alles so plötzlich gekommen. Weinen konnte ich auch nicht. Die Augen waren wie verschlossen. Freuen konnte ich mich erst recht nicht. Die 21jährige Fahrerin lag tot vor meinen Füßen. Aber beten konnte ich, nicht frei beten, aber nachbeten: „Danket dem Herrn, denn er ist freundlich und seine Güte währet ewiglich." Der Notarzt setzte mir das Stethoskop auf die Brust. Ich wußte: „Der Herr ist mein Hirte, mir wird nichts mangeln." Auf der schnellen Fahrt im „Sanka" ging es mir durch den Kopf: „Aus der Tiefe rufe ich, Herr, zu dir, Herr, höre meine Stimme." Ein ungeheurer Halt in einem Augenblick, wo einem jede Haltung und Halterung genommen ist. Mit dem Gebet können Sie leben. Mit dem Gebet können Sie sterben. Mit dem Gebet legen Sie Ihren Kopf in Gottes Hände und sagen: „Dein bin ich in Zeit und Ewigkeit." Tun Sie das auch!

Nachrechnen oder Nachbeten

Der Mönch Juniper

Das ist eine eindrucksvolle Gestalt! Thornton Wilder beschreibt ihn in seinem Buch „Die Brükke von San Luis Rey“. Im Jahre 1714 reißt die schönste Hängebrücke von Peru. Bei dieser Katastrophe finden fünf Menschen den Tod. Bruder Juniper, den fast das gleiche Los getroffen hätte, beginnt mit Nachforschungen über den Lebenswandel der Unglücklichen. Er rechnet ihre Daten des Lebens durch und meint, wenn er alles aus ihrem Leben wisse, er auch erkennen könne, weshalb Gott sie zur selben Stunde vernichtete. Wenn ein Plan da ist, muß er zu durchschauen sein. Wenn ein Sinn waltet, muß er zu begreifen sein. Wenn eine Gerechtigkeit am Werke ist, bekommen wir sie in ein System. Schließlich haben sie den Mönch mitsamt seinen Aufzeichnungen als Ketzer verbrannt. Der Einblick in den Plan Gottes blieb ihm verwehrt.

Wir sind nicht Gottes Geheimsekretäre

Dieser Einblick bleibt jedem verwehrt, der sich ans Nachrechnen macht. Nachrechner wollen des Herrn Sinn erkennen. Sie wollen Einblick in die Pläne Gottes. Um ein Nachforschen der angeblich unerforschlichen Wege des Herrn geht es ihnen. Warum habe ich diese Last zu tragen und warum erlebt der andere jenes Glück? Warum mußte diese Mutter sterben, die sich für ihre Familie aufopferte, und warum darf jene Frau leben, die doch Mann und Kinder im Stich gelassen hat? Warum ist soviel Hunger und Armut in dem

einen Land und warum soviel Überfluß und Reichtum in dem anderen? Über diese Fragen erhalten wir keine weiteren Erkenntnisse, denn „wer hat des Herrn Sinn erkannt?"
Wir sind nicht Gottes Geheimsekretäre, sondern Gottes Kinder. Kinder aber rechnen nicht nach, sondern vertrauen auf die bessere Erkenntnis des Vaters. Er weiß warum. An Jesus Christus hat er ein Beispiel gegeben. Als er mit einem Zachäus tafelte und mit einer Dirne verhandelte, fragten sie: „Warum geht dieser Meister zu Zöllnern und Sündern?" Als er davon sprach, daß er nach Jerusalem müsse und um den Tod nicht herumkomme, waren die Jünger entsetzt: Warum denn diese Katastrophe? Als er am Holzkreuz schmachtete, kam es ihm selbst über die Lippen: Warum, mein Gott, warum hast du mich verlassen?

Jesu Weg stimmt

Am Ostermorgen aber fiel Licht auch in dieses Dunkel. Sein Weg führt deshalb zu Randsiedlern und Außenseitern, damit alle einen Zufahrtsweg zum Heil haben. Sein Weg führt deshalb in den Tod, damit wir nicht in einer Sackgasse sterben müssen. Sein Weg führt deshalb ans Holzkreuz, damit wir nicht auf dem Holzwege sind.
Wenn also Jesu Weg stimmt, dann stimmen auch unsre Wege. Dann müssen wir nicht nachrechnen, sondern können mit dem Psalmisten nachbeten: „Er leitet die Elenden recht und lehrt die Elenden seinen Weg. Die Wege des Herrn sind lauter Güte."

Zuständig für Schuld

Jesus ist der Herr der Welt!

Jesus heißt der Name, der uns allein Heil verheißt. Der Name heißt Jesus. Ich meine nicht den Jesus, den die Undergroundpresse als ersten Revolutionär verkauft. Ich meine auch nicht den Jesus, den die Regenbogenpresse als ersten Wunderdoktor hochjubelt. Ich meine erst recht nicht den Jesus, den die Werbung als ersten Superstar vermarktet. All diese Modehelden namens Jesus können Sie vergessen. Ich meine den Jesus, den die Bibel als ersten Herrn vorstellt. In der Uniform des Elends kam er zu uns und spielte sich nicht als großer Herr auf. Unter den Schmährufen einer aufgewiegelten Volksmenge, unter den Peitschenhieben skrupelloser Henkersknechte und unter den Hammerschlägen römischer Soldaten bewies er sein Herrentum. Im Herrschaftsbereich des Todes hat er gezeigt, wer jetzt Herr im Hause ist. Nach Ostern mußte auch der letzte Zweifler kapitulieren, so wie der Thomas, der sagte: „Mein Herr und mein Gott!" Diesen Jesus meine ich, diesen Jesus Christus von Nazareth, diesen Herrn der Welt.

Jesus ist zuständig für Schuld!

Ihn müssen Sie kennen. Sein Wort müssen Sie hören. Jesus heißt der Name, auf den alles ankommt. Er nämlich ist für Schuld zuständig, er allein. Wenn Sie Schwierigkeiten mit Ihren Füßen haben, Spreizfuß oder Senkfuß, dann müssen Sie zu Ihrem Orthopäden. Er ist dafür zuständig und verschreibt Ihnen ein paar Einlagen.

Oder wenn sie Schwierigkeiten mit Ihren Zähnen haben, dann müssen Sie zum Zahnarzt. Er ist dafür zuständig. Oder wenn Sie Schwierigkeiten mit den Augen haben, dann müssen Sie zum Optiker. Er ist dafür zuständig und setzt Ihnen die richtige Brille ins Gesicht. Es nützt gar nichts, wenn Sie Ihre Füße dem Zahnarzt hinstrecken und mit ihrem Gebiß dem Optiker Furcht einjagen. Man muß immer zum richtigen Mann.

Wenn Sie also Schwierigkeiten mit Ihrer Ruhe haben — oder können Sie seelenruhig vor sich hinleben? — Wenn Ihr Gewissen bei ganz bestimmten Gedanken zu schlagen beginnt — oder können Sie an alles denken ohne rot zu werden? — Wenn Sie die Vergangenheit einholt und Sie sich selbst nicht mehr riechen mögen, dann haben Sie nicht nur ein bißchen Dreck am Stecken, dann ist nicht nur einiges verkehrt gelaufen, nein, dann ist Schuld in Ihrem Leben.

Schuld ist an allem schuld!

Schuld ist die Wurzel allen Übels. Schuld ist der Herd alles Bösen. Schuld ist an allem schuld. Es nützt nun gar nichts, wenn Sie sich die Füße aus dem Leib rennen, um irgendwo oder bei irgendjemand diese Last loszuwerden. Der eine ist zum Kollegen und zum Boß gerannt, aber sie zeigten ihm die kalte Schulter. Ein anderer hat sich beim Doktor auf die Couch gelegt, aber der war mit seinem Medizinerlatein am Ende. Jemand jagte seine Maschine auf 4.000, aber seine Vergangenheit jagte mit. Am Schluß war nicht nur der Feuerstuhl im Eimer, sondern der ganze Mann ein Trümmerhaufen.

Heute rennen Sie auch, aber niemand kann helfen. Heute fragen Sie auch, aber niemand weiß eine Antwort. Heute jagen Sie auch, aber niemand ist schneller als sein Schatten. Schließlich bleiben Sie als „Totalschaden" auf der Strecke.

„Ich will euch neu machen!"

Deshalb müssen wir zum richtigen Mann. Sein Name ist gefallen: Jesus ist zuständig für Schuld.

Er selbst hat das gesagt. Über den Schrottplätzen verkrachter und zusammengekrachter Existenzen rief er: „Ich will euch nicht nur ein bißchen ausbeulen! Ich will euch nicht nur ein bißchen spachteln! Ich will euch nicht nur ein bißchen Lack aufspritzen! Ich will euch nicht nur aufpolieren! Ich will euch die Schuld wegnehmen und euch neu machen."

Leute merkten das! Da saßen Lahme und Blinde und Krüppel am Wege, Menschen, die keinen Schritt mehr tun konnten. Er aber nahm ihnen die Binde von den Augen, die Krückstöcke aus den Händen und machte sie zu Marschierern des Lebens. Da saßen leichte Mädchen und schwere Jungs, Typen, die bis zum Hals im Sumpf der

Schuld steckten. Er aber stieß sie nicht mit einem moralischen Zeigefinger noch weiter hinein. Jesus zog sie heraus und sagte: „Euch ist die Schuld vergeben." Es muß keiner im Dreck steckenbleiben. Es muß keiner verrosten. Es muß keiner verschrottet werden. Aus einem totalgeschädigten Kerl kann er einen totalgesegneten Menschen machen, indem er ihm die Schuld wegnimmt. Jesus kann das. Nur Jesus kann das!
Er schulterte unsere Last. Sie wurde ihm schwer, sehr schwer sogar. Auf der Via dolorosa in Jerusalem brach er darunter zusammen. Aber er warf sie nicht ab. Die ganze Tonnenlast der Schuld wurde mit ihm am Kreuz hochgezogen und festgebunden. So starb er. Sein letztes Wort, das ihm über die Lippen ging, hieß: „Tetelestai, es ist bezahlt!" Die Schuld ist beglichen.

Kennen Sie „Das Netz"?

Ich meine jene kleine Novelle von Werner Bergengrün, die das noch einmal deutlich machen kann: In einem kleinen sizilianischen Dorf lebte die Frau eines Fischers. Während er schon tagelang unterwegs war, um gute Fanggründe auszumachen, gerät sie in die Netze eines anderen Mannes. Diese ehebrecherische Tat kommt ans Licht, und nach altem sizilianischen Recht wird sie zum Tode verurteilt. Am frühen Morgen steht die Schuldbeladene auf der Klippe hoch über dem Meer, um von dort hinabgestoßen zu werden. Beim ersten Sonnenstrahl, der über das Wasser kommt, wird das Urteil ausgeführt. Die Frau fällt und fällt, aber sie fällt nur in die Netze ihres Mannes. In der Nacht war er zurückgekehrt und hatte das Netz über den Abgrund gespannt.

Wegen seiner Tat mußte sie nicht sterben. Wegen seiner Tat durfte sie leben.

Sie und ich, wir sind in die Netze eines anderen geraten, der viele Masken trägt. Nach altem göttlichen Recht sind wir schuldig und deshalb Verurteilte. Nun aber ist in der Nacht von Karfreitag Gott selber in der Person Jesu Christi in diese Welt zurückgekehrt. Er hat den Abgrund überspannt, den Abgrund der Schuld, den Abgrund des Todes, den Abgrund der Verdammnis. Wenn wir jetzt fallen, fallen wir nicht in das Nichts, sondern in die Netze unseres Herrn. Wegen seiner Tat dürfen wir leben. Das ist keine Binsenweisheit. Das ist keine Selbstverständlichkeit. Das ist die neue Lebensmöglichkeit für Sie und mich.
Sie müssen nicht mit diesem dunklen Schatten leben. Sie müssen nicht an diesem schrecklichen

Krebsschaden zugrunde gehen. Sie müssen nicht ewig verloren sein. Es gibt einen Mann, der für Schuld zuständig ist. Ihm vertrauen Sie sich an. Ihm vertrauen Sie Ihre Schuld an. Ihm vertrauen Sie alles jetzt an. Jesus heißt der Name, hören Sie: Jesus Christus!

Stabile Währung

Wenn Geld verfällt

Viele von uns haben es erlebt, wie Währungen zerfallen können. Damals nach dem Kriege war von einem Tag zum andern das ganze Geld kaputt. Mit Hundertmarkscheinen konnte man Feuer anzünden. Gewiß es kam wieder neues Geld auf den Markt, aber auch diese Währung ist keineswegs stabil. Sogar der Dollar ist großen Schwankungen unterworfen.
Ein amerikanischer Militärarzt erzählte mir, daß viele Soldaten mit ihren Familien wieder in die Kaserne ziehen, weil sie die deutschen Mietswohnungen nicht mehr bezahlen können. Wenn Währungen zerfallen, müssen oft leidvolle Konsequenzen gezogen werden.

Wortentwertung?

Nun erleben wir aber nicht nur einen Kursverfall von Währungen, sondern auch von Worten. Haben Sie nicht auch den Eindruck, daß man auf Worte immer weniger geben kann? Ich denke an eine junge Frau, die das Trauwort ihres Mannes vor dem Altar gehört hat. Auf die Frage des Pfarrers: „Willst du deiner Ehefrau treu bleiben, bis der Tod euch scheidet?“ hat er deutlich und für alle hörbar geantwortet: „Ja, ich will.“ Das ist ihr im Gedächtnis geblieben. Auf dieses Wort hat sie sich verlassen — und dann hat er sie verlassen, als ob nie ein Sterbenswörtlein über seine Lippen gekommen wäre. Oder ich denke an zwei zerstrittene Nachbarn. Damals einigten sie sich über einen Zufahrtsweg zum gemeinsamen Grundstück mit einem Handschlag. Der eine wollte eine schriftliche Vereinbarung, aber der andere sagte: „Nun hör mal, ein Mann ein Wort!“ Nach wenigen Monaten aber war dieses Wort gebrochen, vergessen und wertlos geworden. Beide machten sich das Leben schwer.

Sprich nur ein Wort!

Wir werden doch immer skeptischer gegenüber Worten, auf die man sich letztlich nicht verlassen kann. Weil dem so ist, möchte ich Sie daran erinnern, was Gottes Wort sagt: „Das Gesetz des Herrn ist vollkommen und erquickt die Seele.“ Das Zeugnis des Herrn, die Befehle des Herrn, die Zusagen des Herrn, sagen wir zusammengefaßt: alle Worte des Herrn sind stabil und tun uns im Innersten wohl.

In der Bibel sind sie überliefert. Bei näherer Prüfung zeigt sich, daß es keine netten Worte sind, die uns ein freundlicher Mann zuruft. Es sind auch keine großen Worte, die etwas vollmundig klingen. Erst recht sind es keine leeren Worte, die nur so dahergeredet sind. Jesus Christus gibt uns Gottes Wort. Und seit dieses Wort in Jesus Fleisch geworden ist und unter uns lebt, steht es in gutem Kurs. Diese Währung erlebt keine Börsenstürze und vor Kursschwankungen bleibt sie bewahrt. Diese Währung gilt für alle.

Der Hauptmann von Kapernaum zum Beispiel setzte sein ganzes Vertrauen darauf. Als sein Leibbursche krank wurde, bat er diesen Jesus nicht zu sich, sondern sagte: „Herr, sprich nur ein Wort! Ich kenne mich doch auf dem Exerzierplatz aus. Still gestanden! und die ganze Mannschaft reißt die Hacken zusammen. Rechts um! und die ganze Mannschaft wendet. Abteilung marsch!

und der ganze Haufen hämmert das Pflaster. In Sachen Befehlsworte bin ich Fachmann. Ein Wort genügt und alles marschiert. Herr, du bist der Hauptmann Gottes. Im Auftrag des Höchsten hast du das Kommando. Sprich nur ein Wort, so wird mein Knecht gesund."

Oder ich denke an den Fischer Petrus. Er befand sich in einer aussichtslosen Lage. Alle Umstände sprachen dagegen, noch einmal auf die See hinauszufahren und einen Fang zu wagen. Er aber entschloß sich: „Auf dein Wort will ich das Netz auswerfen. Auch wenn ich langjährige Erfahrung habe und weiß, daß um diese Tageszeit kein Fisch ins Netz geht, auch wenn ich stundenlang gearbeitet habe und nun hundemüde bin, auch wenn alles gegen den Erfolg spricht: auf dein Wort hin will ich es tun!"

Oder ich erinnere an jene besondere Stunde, in der Jesus einmal seine Jünger fragte: „Wollt ihr nicht auch weggehen wie die vielen andern?" Einer aber trat nach vorn. Er machte sich zum Sprecher der elf Freunde. Mit tiefer Überzeugung sagte er: „Herr, wohin sollen wir gehen? Du hast Worte des ewigen Lebens und wir haben geglaubt und erkannt, daß du der Christus bist."

Sprich nur ein Wort! Auf dein Wort hin! Du hast Worte des ewigen Lebens! So haben sie also das Psalm-Wort ausgelegt: „Das Gesetz des Herrn ist vollkommen und erquickt die Seele."

Prüfen Sie selbst!

Ob Sie nicht jetzt dran wären, dieses Wort auf seinen Wahrheitsgehalt abzuklopfen? Ob Sie nicht jetzt selbst prüfen sollten, ob diese Währung durch die Wahrheit gedeckt ist? Es gibt viele Ein-

same unter uns, die den Kontakt verloren haben. Kinder sind ausgezogen und Freunde sind weggezogen. Sie fühlen sich abgeschoben, verlassen, vergessen. Gott sagt ihnen: „Ich will dich nicht verlassen noch vergessen; siehe, in meine Hände habe ich dich gezeichnet.“ Ist das nur frommes Geschwätz?
Es gibt Kranke unter uns, die eine schwere Nacht hinter sich haben. Sie wissen nicht, wie es weitergehen soll. Der Arzt ist mit seiner Kunst am Ende. Ihnen sagt der Herr: „Kommet her zu mir alle, die ihr mühselig und beladen seid, ich will euch erquicken.“ Ist dies nur dummes Gerede?
Es gibt junge Menschen unter uns, die einen Weg ins Leben suchen. Zu viele Irrwege liegen hinter ihnen. Durchfahrtsstraßen stellten sich als Sackgassen heraus. Jesus spricht: „Ich bin der Weg, die Wahrheit und das Leben.“ Ist das nur oberflächliches Geplapper? Martin Luther sagte einmal: „Wo ich Gottes Wort ergreife, habe ich gewonnenes Spiel.“ Ich wünsche Ihnen, daß Sie mit dieser Währung heute gewinnen.

Nachahmer und Nachfolger

Nachahmung gibt es in der Musik. Ein Komponist ahmt ein Thema nach. Die einzelnen Stimmen eines Stückes setzen nacheinander mit derselben melodischen Wendung ein. Imitation sagen die Musiker und meinen jenes wichtige Mittel polyphoner Mehrstimmigkeit.

Nachahmung gibt es im Recht. Ein Techniker ahmt ein Produkt nach. Die einzelnen Teile eines Photoapparates zum Beispiel werden genau nachgebildet, zusammengebaut und unter anderem Namen auf den Markt gebracht. Verletzung des Urheberrechts, sagen die Juristen. Solche Nachahmung ist verboten. Wer trotzdem in diesen unlauteren Wettbewerb einsteigt, macht sich strafbar und ist zum Schadenersatz verpflichtet.

Nachahmung gibt es in der Erziehung. Ein Kind ahmt die Eltern nach. Die einzelnen Verhaltensweisen des Vaters oder der Mutter werden beobachtet und nachgespielt. Die Tochter einer Schneiderin erwischt die große Schere, zieht sich das neue Tischtuch herunter und zerschneidet es nach ihren Mustern. Oder das Kind eines Pfarrers gar steigt auf den Stuhl, öffnet das Fenster und begrüßt die Fußgänger vor dem Haus mit „Liebe Gemeinde".

Gottes Nachahmer

Nun gibt es aber Nachahmung nicht nur in der Musik, im Recht oder in der Erziehung, sondern auch in der Bibel. „So seid nun Gottes Nachahmer", heißt es dort. Ein Glaubender ahmt seinen Gott nach. Dies ist seit dem Erscheinen Jesu Christi möglich, denn in diesem Sohn deckt der Vater sein ganzes Wesen auf. Gleich bei der Geburt wird seine Liebe deutlich, die wie ein Funke auf Randsiedler und Asoziale überspringt und sie zu geliebten Leuten macht. Und bei der Kreuzigung wird sein Opfer deutlich, das er in großem Gehorsam bringt, damit aus Scheinheiligen und Schuldnern Heilige und Entlastete werden können. Bethlehem und Golgatha, Weihnachten und Karfreitag, Krippe und Kreuz umschreiben das Wesen Gottes, nämlich Liebe und Opfer. Ein Glaubender ahmt also Liebe und Opfer nach.

Mimen Gottes

„Mimätäs" sagt der Apostel und meint den Mime, der es gelernt hat, andere Wesen zu erfassen, in sich aufzunehmen und sie zu leben. Er meint nicht den Pantomime, der wie Marcel Marceau für zwei Stunden die Leute begeistert. Mimen Gottes sind keine Schauspieler, die in eine andere Rolle schlüpfen und für kurze Zeit etwas Frömmigkeit mimen. Fromme Schminke, religiöse Masken, fadenscheinige Kostüme sind schrecklich. Mimen Gottes sind Nachahmer oder Nachfolger, denen dieser Herr mit seiner Liebe und mit seinem Opfer das Herz abgewonnen hat und die nun damit leben wollen. Deshalb seid Nachahmer und nicht Nachläufer. Seid Nachahmer und nicht Nachrechner. Seid Nachahmer und nicht Nachbeter. Darüber sollten Sie einmal nachdenken.

Christsein – was ist das?

Christsein – was ist das?

Heißt das vielleicht, sich für diesen Christus zu interessieren? Noch vor wenigen Jahren lautete die Thesenreihe auf einer Wandtafel eines Gymnasiums: „Jesus zur Linken Gottes ist wissenschaftlich unhaltbar, soziologisch entbehrlich, moralisch unerträglich und theologisch anfechtbar.“ Man hatte andere Namen, die das Heil versprachen. Aber weil das Unheil wuchs, verloren sie an Zugkraft. Die Zeiten haben sich geändert. Jesus wurde wieder interessant.

Christsein – was ist das?

Vielleicht auch über diesen Christus diskutieren?! An Themen fehlt es nicht: ob er der Sohn Gottes oder nur der Stammhalter einer Zimmermannsfamilie gewesen war? Ob er Meditation, Aktion oder Revolution gewollt hat? Ob er als Verbrecher am Kreuz gescheitert und ob er tatsächlich aus dem Grab auferstanden ist? Diskussion über Jesus ist eine Schraube ohne Ende.

Christsein – was ist das?

Vielleicht sich für diesen Christus begeistern, ja für ihn schwärmen?! Wir kennen doch diese Typen, die seinen Namen auf allen Knöpfen tragen. Auf dem Schulkoffer klebt der „Jesus“ neben Thomas Gottschalks RTL. „I am high in Jesus“, „ich bin in Jesus hochgestimmt“, sagt mir ein Jesus-Fan mit fiebrigen Augen und taumelt fast vor Begeisterung.

Christsein – was ist das?

Doch, man kann sich für Christus interessieren. Man kann auch über ihn diskutieren. Man kann sich sogar für ihn begeistern, aber Christsein ist das noch lange nicht. Jesus Christus sagt nicht: Interessiere dich für mich! Er sagt auch nicht: Diskutiere über mich! Er sagt erst recht nicht:

Schwärme für mich! Jesus sagt: „Folge mir!“ Er will nicht Interesse, er will nicht Diskussionsrunde, er will nicht Fanclubs.
Jesus will Nachfolge!
Deshalb liest er dem Zöllner Levi nicht die Leviten und schimpft ihn wegen seiner großen und kleinen Gaunereien, sondern sagt ihm: „Folge mir!“ Deshalb geht Jesus zum Fischer Petrus, nicht um ihn mit ein paar freundlichen Worten für die saure Arbeit auf hoher See zu motivieren, sondern um ihn zu rufen: „Folge mir!“

„Folge mir nach!“

Deshalb wirft er den Saulus vom hohen Roß auf die Pflastersteine, nicht um ihm wehe zu tun, sondern ihm klar zu machen: „Folge mir!“ Deshalb ist bis heute der Ruf nicht verstummt, der nicht heißt: Sei christlich! Sei fromm! Sei religiös! — sondern: Folge mir! Jesus will, daß Sie aufstehen! Jesus will, daß Sie ein paar Schritte machen. Jesus will, daß Sie sich auf den Weg machen. Christsein heißt: unterwegs sein. Dieser Weg hinter Jesus und mit Jesus ist keine Strecke im Nebel. Wir sind auch zu keiner Fahrt ins Blaue eingeladen. Die Bibel gibt uns eine sehr genaue Wegbeschreibung.

Jesu Nachfolge-Weg ist keine Autobahn

Zum ersten ist es ein schmaler Weg und keine sechsspurige Autobahn. Auf der A1 oder A6 oder A12 ist für alles gesorgt. Für die Orientierung gibt es Mittelstreifen und Hinweisschilder, für die Ruhepausen gibt es Rasthäuser und Parkbuchten, für die Pannen gibt es Rufsäulen und gelbe Engel. Für die Stauung Luftüberwachung und Verkehrspolizei. So ist doch die Autobahn zum Symbol der Sicherheit geworden — aber auch zum Symbol des Todes. Viele sterben in zerbeulten Autos und in brennenden Wracks. Auf unseren Straßen lauert das Verbrechen.

Jesu Weg ist schmal

Orientierung ist nicht immer leicht. Ruhepausen gibt es im Glaubensleben kaum. Pannen im Umgang mit Freunden und Kollegen sind nicht zu flicken wie ein geplatzter Autoschlauch. Stauun-

gen, aufgestauter Ärger und Bitterkeit, wird von Menschen nicht gelöst. Nein, dieser Jesus verheißt keine Sicherheit, aber die Gewißheit, „daß weder Tod noch Leben, weder Engel noch Fürstentümer, weder Hohes noch Tiefes uns scheiden kann von der Liebe Gottes, die in Jesus Christus ist". Christsein heißt: auf diesem schmalen Weg des Glaubens unterwegs sein.
Zum anderen ist es ein enger Weg und keine weite Prachtstraße. Auf weiten Straßen wie in Berlin ist der Verkehr kein Problem. Aber wenn die Straße immer enger wird wie im mittelalterlichen Dinkelsbühl sind Karambolagen nicht auszuschließen. Man eckt links und rechts an, man stößt auf andere hinten drauf, man sitzt schließlich ganz fest. Zäher Verkehr mit Stillstand, heißt man das. Enge Wege führen in die Bedrängnis.

Jesu Weg ist eng

Anfangs kann Jesus nach Ägypten ausweichen. Aber dann eckt er an, zuerst bei seinen eigenen Eltern und Geschwistern, dann bei den hohen Herrn von Staat und Kirche. Er stößt auf die Hartherzigkeit eines ganzen Volkes. Schließlich sitzt er fest, so fest wie ein Zimmermannsnagel im Holzkreuz. Sein Weg verengt sich auf die Breite einer Grabestür. Wenn Sie diesen Weg gehen, ist Ihnen keine ungestörte Umgehungsstraße versprochen. Der Nachfolgeweg ist eng, und Karambolagen sind nicht auszuschließen. Da kann man mit seinem Glauben bei den eigenen Eltern anecken. Da kann man im Geschäft als Sonderling oder Sektierer abgestempelt werden. Da kann man die Hartherzigkeit vieler Leute deutlich zu spüren bekommen, die alles, alles, außer entschiedene Christen ertragen können. Ja, da kann man sogar festsitzen, hinter Schloß und Riegel, wie in vielen Teilen der Welt verfolgte Christen. Aber, wie eng der Weg auch sei, auf dem Sie Jesus führen will, und wie eng die Tür auch sein mag, durch die Sie Jesus haben will, eines ist wiederum gewiß: Christsein heißt: auf dem engen Weg des Glaubens unterwegs sein.

Jesu Weg ist einsam

Schließlich ist Jesu Weg ein einsamer Weg und keine bevölkerte Fußgängerzone. „Wenige sind's, die ihn finden", sagt dieser Herr einmal. Auf Einkaufsstraßen herrscht Gedränge. Wer am verkaufsoffenen Samstag in die Großstadt fährt, der weiß, was Massengesellschaft ist. Überall rudere ich und kämpfe mich durch die Menge.

Jesus ging mit einer Handvoll Leute durch das Land. Bei ihm waren es nicht viele: zwölf Jünger, ein paar Anhänger, wenige Frauen. Und wer sich ihm anschließt, findet sich in keiner Masse wieder. Es ist doch meistens so: wenige im Jugendkreis, ein paar in der Schülergebetszelle, ein kleiner Kreis um die Bibel im Gemeindehaus, eine überschaubare Zahl im Gottesdienst. Zuweilen geht einem das an die Nieren und gibt zu denken. Wenn wir viele auf einem Weg sehen, dann meinen wir doch, es sei ein guter Weg. Wenn alle um uns herum eine bestimmte Überzeugung haben, dann meinen wir doch, das könnte nicht falsch sein. Wir werden irre an einer Erkenntnis, wenn wir uns in der Minderheit sehen und bemitleiden uns selbst, wenn wir alleine stehen. Aber, liebe

Freunde, die Mehrheit ist kein Kennzeichen der Wahrheit. Jesus sagt es doch eindringlich: Wer auf den Weg des Lebens hinter ihm drein marschiert, der muß den Mut haben, ein Einzelner zu sein. Wer diesen Weg des Lebens betreten will, der muß um den Mut bitten, ein Einsamer zu sein. Wer diesen Weg geht, der muß den Wappenspruch jener französischen Adelsfamilie tragen: Si omnes egon non — wenn auch alle, ich nicht. Das ist der Wappenspruch von Jesu Jünger. Wenn auch alle diesem Gott abschwören, ich nicht. Wenn auch alle diesem Gott den Rücken kehren, ich nicht. Christsein heißt: auf diesem einsamen Weg des Glaubens unterwegs sein.
Wissen Sie, nur dieser schmale, enge und einsame Weg endet nicht im Grab. Alle anderen Wege sind Sackgassen. Hier aber sind Sie auf der Durchfahrtsstraße: durch Schuld zur Vergebung, durch Tod zum Leben, durch Hölle zum Heil, durch Zeit zur Ewigkeit. Sollte das nicht auch Ihr Weg sein? Jesus ruft Sie: „Folge mir!"

Wer auf Gottes Uhr schaut ...

Tageszeit - Jahreszeit - Lebenszeit

Wer die Tageszeit wissen will, schaut auf die Armbanduhr. Der eine hat eine sportliche Taucheruhr mit wasserdichtem Gehäuse und der andere eine chromblitzende Quarzuhr mit beleuchteter Digitalanzeige. Alle normalgehenden Uhren zeigen jetzt die richtige Zeit. Die Tageszeit ist auf der Uhr abzulesen.

Wer die Jahreszeit wissen will, schaut auf den Kalender. Der eine hat einen ledernen Taschenkalender mit Schnellplaner und der andere einen bunten Abreißkalender mit Großfotos. Die Jahreszeit ist auf dem Kalender abzulesen.

Und wer die Lebenszeit wissen will, schaut in den Spiegel. Ob Taschen-, Wand- oder Schrankspiegel, wenn es kein Zerrspiegel ist, sehen wir uns darin als junge Hüpfer oder als ergraute Häupter. Alle blank geputzten Spiegel zeigen uns so wie wir sind. Die Lebenszeit ist im Spiegel abzulesen.

Weltzeit

Nun gibt es aber nicht nur eine Tages-, eine Jahres- und eine Lebenszeit, sondern auch eine Weltzeit. Wer sie wissen will, schaut normalerweise in die Zeitung. Der eine hat eine Tageszeitung mit brandneuen Nachrichten und der andere eine Wochenzeitung mit zusammenfassenden Artikeln. Alle gedruckten Zeitungen zeigen uns eine Welt, in der es durch Krieg und Flüchtlingselend dunkel geworden ist, in der über Geiselnahmen und Gewalttätigkeiten die Nacht hereinbricht und in der wegen Brutalität und Kriminalität eine Götterdämmerung nicht mehr aufzuhalten

ist. Zeitungsleser sehen deshalb schwarz. Zeitgenossen meinen, es sei fünf vor zwölf. Zeitbeobachter warnen, die letzte Stunde habe geschlagen.
Aber die Weltzeit ist nicht in der Zeitung abzulesen. Wer sie wissen will, muß in die Bibel schauen. Sie zeigt uns eine ganz andere Uhr. Der kleine Zeiger ist der Querbalken, der große Zeiger ist der Längsbalken, und an dem Kreuz, das so entsteht, hängt einer, nämlich Jesus Christus.

Die Nacht ist vorbei!

Seit er dort gehangen hat, ist es mit der Nacht vorüber. Seit er dort gelitten hat, ist die tiefste Finsternis hinter uns. Seit er dort gestorben ist, bahnt sich eine Zeitenwende an. Wer auf Gottes Uhr schaut, weiß: es wird nicht dunkel, sondern hell. Wer auf Gottes Uhr schaut, weiß: es wird nicht Nacht, sondern Tag. Wer auf Gottes Uhr schaut, weiß: es wird keine Götterdämmerung, sondern eine Morgendämmerung der neuen Welt. Christen sind deshalb keine Schwarzseher, auch wenn Schwarzmaler die ganze Weltkulisse rabenschwarz einpinseln. Christen wissen: es ist fünf vor sieben, auch wenn sie von den Ärzten aufgegeben werden und menschliche Hilfe am Ende ist. Christen leben in der Gewißheit, daß ihnen nicht die letzte Stunde, sondern ein neuer Tag schlägt.
Sie mögen am Dunkel unserer Zeitgeschichte leiden, Sie mögen im Dunkel Ihrer Probleme keinen Ausweg mehr sehen, Sie mögen im Dunkel Ihres Gemütes gefangen sein. Die Botschaft ist wahr: „Es wird nicht dunkel bleiben über denen, die in Angst sind.“

Gezieltes Warten

Worauf noch warten?

Auf den wiederkommenden Herrn sollen wir warten! Ich weiß, daß diese Erwartung heute weithin erloschen ist, so wie ein Feuer erlöschen kann. Man hat dies lange genug verharmlost: das sei ein Warten auf Godot, das unnütz, sinnlos und dumm sei.
Man hat diese Erwartung lange genug verspottet, so wie Bert Brecht es getan hat: „Ein Tag, und das hat wohl jeder gehört, der in ärmlicher Wiege lag, kommt als armen Weibs Sohn auf nen goldenen Thron und der heißt: Sankt Nimmerleinstag. Und an diesem Tag zahlt sich die Güte aus und die Schlechtigkeit kostet den Hals, und Verdienst und Verdienen, die machen gute Mienen und tauschen Brot und Salz, am Sankt Nimmerleinstag."
Man hat diese Erwartung lange genug bekämpft, so wie ein Mainzer Theologieprofessor: „Die Vorstellung der Wiederkunft stimmt weder heute noch morgen, sie stimmt überhaupt nicht. Die Beharrlichkeit der Unentwegten, sie schlankweg zu behaupten, als wäre sie das Sicherste der Welt, kann nur Narren imponieren. Besagen kann sie nichts."
Dennoch gilt, auch wenn es aus unserer Froschperspektive so ganz anders aussieht: Der Herr kommt! Der Herr kommt wieder. Der jüngste Tag findet statt. Es wird kein „happy end" geben, sondern das große Gericht. Nichts ist so sicher wie dieser Termin. Deshalb kommt alles, aber auch schlechthin alles darauf an, wie wir vor diesem Gericht bestehen können.

Die Frucht unseres Lebens

Der norwegische Dichter Henrik Ibsen hat ein Drama geschrieben: Peer Gynt. In dem gibt es eine ergreifende Szene. Der alte Peer steht nach all den Irrfahrten seines Lebens vor einer Waldhütte und hält eine Zwiebel in der Hand, die er spielend entblättert. Und dabei wird ihm diese Frucht zum Bild seines Lebens: „Das hört ja gar nicht auf. Immer Schicht auf Schicht, kommt denn der Kern nicht endlich ans Licht? Bis zum Innersten, da schau nur einer! Bloß Häute!“ Dann erschrickt er. So ist mein Leben! Mit einem Fluch wirft er die Zwiebel weg. Eine unheimliche Szene.

Die Bibel weiß vom letzten Richter. Er wird an jenem Tag die Frucht unseres Lebens in seine Hand nehmen. Ob er wohl mehr finden wird als Schalen und Häute? Deshalb lautet die Frage nicht: Was dürfen wir alles erwarten? sondern: Was darf Gott von uns erwarten? Was wächst in unserem Leben? Was ist die Frucht unseres Glaubens? Die Bibel sagt, daß Gott nicht nach unseren Händen sieht, ob wir viele Schwielen haben; nicht nach unseren Köpfen, ob wir viel Gescheites sagen; nicht nach unseren Jacken, ob wir viele Titel tragen. Gott sieht nach unseren Herzen. Gott schaut nach unseren Seelen. Gott erwartet, daß wir stille sind und auf ihn warten.

Warten mit langem Atem

Aber mit dem Warten haben wir unsere Probleme. Geduld haben wir keine. Es geht uns alles über die Hutschnur. Unsere Geduld gleicht einer Zündschnur; wenn einer zerrt, dann explodieren wir. Immer eilt es. Schon beim Frühstück: „Muß

der Kaffee immer so brühheiß sein?" Mittags im Auto: „Warum sehe ich immer nur rot?" Nachmittags vor dem Telefonhäuschen: „Findet dieser Dauerredner überhaupt kein Ende?" Abends vor dem Fernseher: „Wenn die nicht bald gewinnen!"
Mit klopfendem Herzen jagen wir durch den Terminkalender, so wie der Bauer in Sung, von dem eine chinesische Fabel erzählt. Wie ein Wilder rast er durch sein Gehöft. Kaum hat er die Saat auf seinem Feld ausgestreut, da steht er immer wieder am Ackerrand und sucht nach dem aufgehenden Grün. Als er die ersten Spitzen ausmacht, hilft er dem Korn wachsen, indem er Halm für Halm ein Stück aus der Erde zieht. Die Prozedur zerstört die Pflanzung. „Das Korn fiel um, der Mann war dumm, in jedem Haus, lacht man ihn aus", so wird von dem chinesischen Bauern gesungen.
Auch wir haben keinen langen Atem. Auch wir wollen dem Wachsen nachhelfen. Auch wir gleichen dem Bauern Sung. Aber wir sollen doch dem Bauern in der Bibel gleichen. Nachdem er seine Arbeit getan hat, wartet er in großer Geduld. Nachdem er seinen Teil geschafft hat, überläßt er Gott den andern Part. Wachstum braucht unser Zutun nicht. Dieser Ackermann hat ein großes Vertrauen zu dem Herrn, der alle Geduldsproben selber bestanden hat und der warten konnte.

Warten auf Jesus

Der Hotelier von Bethlehem wies ihm die Tür und der König Herodes setzte ihn vor die Tür. Jesus liebte keine großen Auftritte. Als er zum adventlichen Empfang in Jerusalem einzog, benützte der König aller Könige keine pompöse vergoldete Staatskarosse, sondern einen beschlagnahmten, geduldigen Esel. Als sie schließlich mit ihm kurzen Prozeß machten und an ein Holzkreuz festnagelten, da rissen ihm die Sehnen und Muskeln, aber nicht der Geduldsfaden. Er sagte: „Vater vergib ihnen, denn sie wissen nicht, was sie tun!"

Jesus hat schon eine Eselsgeduld — auch mit uns. Er will uns die Hetze nehmen. Er will uns die Gelassenheit schenken. Er will uns wieder Ruhe verschaffen. Das Jagen bringt's nicht. Das Rennen schafft's nicht. Das Wachsen bis zur Reife am jüngsten Tag ist sein Ressort. Was wir brauchen, ist allein die herzliche Verbindung zu diesem Jesus Christus, der an unser klopfendes Herz klopft und uns ein geduldiges Herz schenken will. Deshalb: Sei stille dem Herrn und warte auf ihn.